रितुरैण

[कविता संग्रह]

रितुरैण

शिरीष कुमार मौर्य

राधाकृष्ण प्रकाशन

ISBN : 978-81-8361-956-1

रितुरैण

© शिरीष कुमार मौर्य

पहला संस्करण : 2020

मूल्य : ₹395

प्रकाशक

राधाकृष्ण प्रकाशन प्राइवेट लिमिटेड
जी-17, जगतपुरी, दिल्ली-110 051

शाखाएँ : अशोक राजपथ, साइंस कॉलेज के सामने, पटना-800 006
पहली मंजिल, दरबारी बिल्डिंग, महात्मा गांधी मार्ग, इलाहाबाद-211 001
36 ए, शेक्सपियर सरणी, कोलकाता-700 017

वेबसाइट : www.radhakrishnaprakashan.com
ई-मेल : info@radhakrishnaprakashan.com

मुद्रक

बी.के. ऑफसेट
नवीन शाहदरा, दिल्ली-110 032

RITURAIN
Poems by Shirish Kumar Mourya

इसी रागात्मिका वृत्ति के सजग पहरुए
रामचन्द्र शुक्ल की स्मृति को
यह किताब
सादर समर्पित है।

भूमिका

मेरी बोली
और
मेरे पहाड़ पर लोगों में
बची है
रागात्मिका वृत्ति

इसीलिए
एक गीत बचा है यहाँ
जिसे हम
रितुरैण कहते हैं

रितुरैण यानी रितुरुवैण यानी
किसी ख़ास ऋतु में फूटती रुलाई का गीत
और रितुरैण यानी ऋतु का पलटना

यों रूढ़ि है कि
चैत्र में मायके की याद
और भाई की प्रतीक्षा में
गाया जाए रितुरैण
रहा ऋतुओं का पलटना

तो वह रूढ़ि नहीं
विज्ञान है

मैं हिन्दी का एक लगभग कवि
लिखता
और गाता हूँ
हर ऋतु में
हर आस
हर याद
और हर प्रतीक्षा में इन्हें

जैसे
क्रूरता के विरुद्ध मनुष्यता की आस में
चहुँओर से घेरते असाधारण के विरुद्ध
साधारण की याद में
अन्याय के बीच रहते अपने जनों के लिए
न्याय की प्रतीक्षा में।

रितुरैण

1

सावन की रातों में
शास्त्र पढ़ने वालों से
मुझे कोई उम्मीद नहीं

वे शिशिर तक मनुष्य बने रह पाएँ
तो बड़ी बात होगी
उससे पहले ही अश्विन का घाम
सुखा डालेगा उन्हें

जिसने ग्रीष्म नहीं जिया
सावन नहीं पिया
शरद में क्या झरेगा
उसकी
निखद्द देह से

वसन्त को तो जाने ही दें
वह वर्ष के अन्त की बात है।

2

किसी के इन्तज़ार में
गुड़हल फूले थे बारहों मास
झरते-खिलते हुए

किसी के इन्तज़ार में
विकट गर्मी झेल चुकने के बाद
अचानक आई
पहली सुखद वर्षा में ही
भीग कर सड़ गए
किसी के गुलाब

किसी के न आने से
सूख गई पिछली ऋतु की खेती
किसी के न होने से पनप नहीं पा रहे
बीते बरस लगाए
शिशु-पेड़ आम के

होने को बेर बेशरम ख़ूब फला
पर उसमें कम थी
बेर होने की प्राचीन मादक ख़ुशबू और खटास

ज़माने के मुताबिक वह
बहुत जल्दी में मीठा हुआ जाता था

किसी के लिए किसी को रुकना पड़ा
गोया ठिठक कर रुक गई हो
अहाते की दूब
ऋतुचक्र से बेपरवाह
न सूखते न बढ़ते हुए

शरद बीतते न काटे जा सके
भाबर के धान
कवि अपनी मिट्टी से पूछो
चैत में गेहूँ कटेगा कि नहीं?

जेठ में तुम्हारे भीतर का गुलमोहर
खिलेगा कि नहीं?

कठकरेजों की दुनिया में
यों ही
बेमतलब हुआ जाता है
मनुष्य होने तक का
हर इन्तज़ार

सच्चे कवि मर जाएँगे
किसी को किसी से जोड़ते हुए
किसी को किसी से मिलाने की इच्छा रखते हुए
वे मरते रहे हैं हमेशा

अलोप ही रहेगा उनके होने का अभिप्राय
पृथ्वी के गर्भ की तरह
जिसके बारे में दावा है कि अब हम
सब जानते हैं।

3

[फिर मुक्तिबोध]

आते शिशिर में सिर्फ़ फूल खिलते हैं
मनुष्य नहीं खिलते
एक देश में वे सोचते हैं
पाँच वर्ष लम्बा है शिशिर
एक देश में वे सोचते हैं
यह दस वर्ष लम्बा भी हो सकता है

शिशिर से डरे हुए मनुष्य
ऋतुचक्र से बाहर रहना चाहते हैं
ऋतुओं से बाहर
कुछ नहीं होता
एक निर्वात भर होता है

एक कवि अपने मनुष्यों को ऋतुचक्र में वापस
ले आने के लिए लिखता है
वह किसी को
निर्वात में रहता हुआ अगर दिखता है
तो उसे सोचना चाहिए
पाँच या दस वर्ष के बारे में नहीं

उसे सोचना चाहिए
उस काल के बारे में
जो पीतालोक-प्रसार में गल रहा था
कोई सूर्य नहीं था
बस एक दिया वहाँ जल रहा था

और वे ढिबरियाँ अनगिन अँधेरे में धरीं
निर्धन घरों की स्याह ताखों पर
बहुत लम्बी पर अधूरी किसी कविता सरीखी
उसके बारे में फिर कभी

फिर कभी अभिव्यक्ति
वह
दुर्निवार
अभी तो पढ़े जा रहे हैं परचे सेमिनारों में
विषय जिनका
'समकालीन हिन्दी कविता में
विचार'।

4

[हम को मैं कहते हुए मैं को हम समझना साथी]

शरद में पौध लगाई
फूलों की ही नहीं प्याज़ की भी
हालाँकि कला में भी श्रम है
पर मूढ़मतियों के लिए
प्याज़ का ज़िक्र ज़रूरी लगा

शिशिर में खिले फूल भाबर के शिशिर में
शिवालिक के शिशिर में भी वे शायद खिले रह सकते हैं
पर हिमालय के शिशिर में नहीं

यों देश की ऋतुओं का भी एक भूगोल हुआ
और आप संस्कृति की बात करते हैं
संस्कृति को
कैसे अलगाएँगे ऋतुओं से?
क्या संस्कृति का
कोई भूगोल नहीं होगा?

शिवालिक और हिमालय के बुरुंश
कैसे खिलाएँगे

मैदानों के वसन्त में?

मैं बकवादी कवि हूँ
ऋतुओं का
घूमता हूँ जैसे पृथ्वी घूमती है
झुका हुआ
एक अक्ष पर
उस झुकाव को क्या कोई कहेगा
कि विचार की
ओर है?

जो कहेगा
वही आलोचक होगा शुरुआत में ही फँसी
और तबाह होती
इस सदी का

अभी तो
जो फूल खिलते हैं भाबर के शिशिर में
भाबर के वसन्त में भर जाती हैं जिनसे क्यारियाँ
उनमें छुपे हुए ज़हरीले कुछ साँप मिलते हैं
गोया उनका अर्थापन करते हुए

ऋतुओं का
यह बकवादी कवि हैरत से देखता है उन्हें
फूलों में
अपने कुछ अभिप्राय धरते हुए।

5

[सुबोध के लिए)]

शामों में इन्तज़ार एक सामान्य क्रिया है
वह कविता है

इन्तज़ार की शामें निपट गद्य हैं
वे कहानी हैं यथार्थवाद के ज़माने की

वे शामें जब रातें कहाएँगी
दोबारा कविता बन जाएँगी

उनकी भी एक ऋतु होगी
उनका भी गीत गाया जाएगा
जो रितुरैण कहाएगा

इस सबके बावजूद
शाम शाम ही होगी
इन्तज़ार इन्तज़ार ही रहेगा

इसकी अन्तर्कथा
कोई कभी नहीं कहेगा।

6

[दिसम्बर, 2018]

ऋतु कठिन थी हेमन्त की
हिमालय के रहवासों में
लेकिन मरुथल के टीलों पर इतनी कठिन न थी
कि लोग हत्यारे हो जाते
पौष अभी लगा न था लगने को था
राजनेता भूल गए थे आलोचना की भाषा

शिशिर जो कँपा देता है
शिवालिक की आत्मा तक को
मरुथलों को सजाता है
ओसकणों से
रेत के भीतर मृत जलधाराएँ
जागती हैं मानो
किसी कल्पना में जागती हो मनुष्यता
यथार्थ में सो जाती हो

वसन्त जब आएगा
हेमन्त में जली हुई देह पर फूल खिलाने की
कोशिश करेंगे कवि

उनकी कोशिशों को किसी गीत की तरह सुनना
ले जाना उन देहों के पास
किन्हीं और ऋतुओं में
जो दहने के क़रीब होंगी।

7

दराँतियों पर धार तो है
पर हेमन्त ऋतु में घास से विहीन खल्वाट हैं पहाड़
शिवालिक की सुखद गर्मियाँ
गई ऋतुओं की बात है
दरअसल मैं अवसाद में न होता तो कहता
आगामी ऋतुओं की बात है

हेमन्त ऋतु में पश्चिमी तट पर है समुद्री तूफ़ान
हेमन्त ऋतु में भाबर के माथे पर कुछ बादल हैं

मै सोचता हूँ
क्या सचमुच हेमन्त ऋतु में हेमन्त ऋतु के अलावा
कुछ नहीं है

देखता हूँ
कुछ ही दूरी पर शिशिर खड़ा है
ठिठुरता
अब ये हम मनुष्यों पर है कि
उसे कुछ गर्म बनाएँ
मैदानों की ओर न देखें

हृदय के प्रिय शिवालिक पर ही
एक आग जलाएँ

फूलों के बारे में गाया जो
ऋतुगीत था
आग के बारे में गायेंगे जो
रितुरैण होगा।

8
[किसी और समय में]

मैं किसी और घर
किसी और प्रदेश
किसी और देश में रहना नहीं चाहता

मैं चाहता हूँ
किसी और समय में रहना

ग्रीष्म, वर्षा और शरद में
नहीं रहते बुरुंश
कभी-कभी वे रहते हैं
शिशिर के अन्त में
वसन्त के आरम्भ में हमेशा वे रहते हैं
इसी नहीं
किसी और समय में रहते हैं
न जानते हुए वृक्ष में उनका
रहना
हम उन्हें वसन्तारम्भ का
पुष्प कहते हैं

इस समय
यानी बीतते शरद में
किसी और समय में रहने लगते हैं
मेढक
जहाँ से कभी विकल पुकारती
उनकी आवाज़ आएगी

पाले के दिनों में
किसी और समय में रहने लगती है
हरियाली

हर इसी का किसी होता है
जीवन में

चींटियाँ जो चलती दीखती थीं
समूहों में
अब किसी और समय की वासी हैं

लोग जब भटक जाते हैं
जगहों की बात करते हैं
जबकि उन्हें समयों की बात करनी चाहिए
जगहों की बातें और भटका सकती हैं उन्हें

राजनेता
इस समय की बात करते हैं
किसी और समय की बात करता है
कवि

जब नेता धर्म की बात करें
कवियों को
तब नहाना चाहिए
और सोचनी चाहिए
किसी और समय की बात
मसलन
पानी कुछ दिन बाद और ठंडा होगा
और यों ही किसी भी समय
नहाया नहीं जा सकेगा

जब नेता
प्राचीन ममतामयी नदियों के घाटों पर
साजिशन
दीप जलाने लगें
कवियों को चाहिए कि वे सो रहें
अपनी अकुंठ नींद
हो सके तो झूठे सपनों से भी दूर ही रहें
किसी और समय में उन्हें
जागना पड़ सकता है कई बरस
कई पुराने स्वप्न ही
उन्हें बिलबिलाते-बिलखते मिल जाएँगे
गोद में उठाए उन्हें कुछ पुरखे
किसी और समय तक लाए थे
कुछ बच्चे उन्हें
किसी और समय तक ले जाएँगे

जब नेता
सूखे और अकाल की बातें करें

पहुँचाने लगें राहत
कवियों को चाहिए कि वे वर्षा में रहने लगें
बाढ़ आए तो चले जाएँ वसन्त में
उन्हें चाहिए कि
इस समय की राहतों से दूर रहें
किसी और समय में उन्हें
इस समय की राहतों के खाए और सताए
अपने जन मिलेंगे

जबकि
कविता बमुश्किल ही कुछ बदलाव लाती है
राजनीति और समाज में
कवियों को चाहिए कि अपने जनों से बात करते
किसी और समय में वे मर जाएँ
क्योंकि
जगह, प्रदेश या देश के इसी का
कोई किसी नहीं होता
समय का होता है

कपटराज-नीति और विकट समाज के
इस समय में
आपको याद किया जा सकता है
थक कर घर जाने के लिए
या किसी और समय में जाकर
मर जाने के लिए।

9
[एक जैविक पृच्छा]

अहाते की दूब सूखने से बचाई?
शरद के रहते
हेमन्त और शिशिर में खिलने-दहकने को
फूलों की
कितनी क्यारियाँ लगाईं?

झर चुके पत्ते
जो अपने ही पेड़ की जड़ों के पास पड़े
फूटने वाली कोंपलों की ख़ातिर खाद बनने को हैं
उन्हें सहलाने-दुलारने को
मिट्टी में कितनी बार हाथ लगाया?

वह जो गन्ध उठती है
विकट जैविक
गलते-सड़ते हुए पत्तों से ढकी धरती पर
प्यारी है कि नहीं?

विचार से भरा जीवन

अब भी एक जैविक गन्ध
है कि नहीं?

पता है
धान को विदा कह रहे खेत
अब गेहूँ के इन्तज़ार में हैं?

हत्याएँ होती रहीं तुम कितना मरे?
ऐसे तो पेड़ भी नहीं कटते जैसे काटे गए मनुष्य
तुम कितना कटे?

क्षीण होती नदियों ने खोल दी
अपनी देह
पानी के नीचे
वहाँ छुपे जलचरों के अंडों से निकला
नया जीवन
अब बचे हुए पानी में उपस्थित है

बहते पानी में झाँकने की आदत
कितनी बची तुममें?

तुम्हारे लिए विचार
अब भी बहते पानी में जीवन देखने-खोजने की आदत है
कि नहीं?

और नदियाँ जो बहती हैं मनुष्य देह के भीतर
उनमें रेता-बजरी के अलावा

कुछ और खोज सकते हो?
ख़ुद को कितना खोद सकते हो?

कितनी सरल है साहित्य में हिंसा?
कितना जटिल है समाज में प्रतिरोध?

जैसे दूब बाहर है
जैसे फूल बाहर हैं
जैसे पेड़ बाहर हैं
पत्ते बाहर हैं
जैसे खेत बाहर है
जैसे बाहर हैं नदियों के प्रवाह
जैसे जलचर बाहर हैं
जैसे हत्याएँ और हत्यारे बाहर हैं

नहीं, हत्याएँ और हत्यारे बाहर नहीं
कोई उपमा कोई उत्प्रेक्षा बाहर नहीं
श्लेष तो ख़ैर चिपका ही रहा जीवन से

यमक में जो अनुप्रास समझाया जा रहा है
बेशर्मो उसे समझने से इनकार नहीं करोगे?

या ठान लिया है
कि केवल कविता के ही कोठार भरोगे?

10

[शुक्ल पक्ष की प्रतिपदा और ऋतु कठिन शिशिर की]

चौदह रात दूर है
पूरा चाँद
खेतों में बनी झोंपड़ियों में कितनी रात दूर है
हर आदमी के हिस्से में
एक पूरी रोटी
कोई बता सकता है क्या?

यहाँ आग है
सेंकने को कुछ नहीं अपनी निर्धन देहों के सिवा
पूरी रोटी
पूरा चाँद नहीं है

हाड़ कँपकँपाती ऋतु शिशिर के विरुद्ध
खिले हैं फूल लाल
—ऐसा कहने से
मैं प्रगतिशील हो सकता हूँ घनघोर

कठिन इस ऋतु शिशिर की
अगवानी में

खिले हैं फूल लाल-गुलाबी-पीले-श्वेत-केसरिया
कहने से ठहराया जा सकता हूँ
विकट परम्परावादी

फूलों के रंग और शब्दों के अर्थ भर पर
टिकी
इन दिनों प्रगतिशीलता
हिन्दी समाज की

हमसे खो गए कुछ रंग
अपने ही
जो अपार प्रकृति ने दिए
हमको

हम भूल गए
शब्दों में अपने होने के
अभिप्राय रखना

ओ साथी
शुक्ल पक्ष की प्रतिपदा है
और कठिन ऋतु शिशिर की
इन दिनों
रितुरैण अगर गाऊँगा
प्रतिक्रियावादी कहाऊँगा।

11

शिवालिक पर
शिशिर में पाला पड़ता है
शिशिर में कोहरा बढ़ता है

शिशिर में
जिनके मकान हैं वो भाबर में उतर आते हैं
शिशिर की मुश्किलों में
शिवालिक के ग्रीष्म की तेजस्विता
याद आती है

भाबर में रहते हुए
देखता है शिवालिक का आदमी
शिशिर में गहराते
गेहूँ के खेत हरे

शिशिर में जन्मना
चैत्र मास में कट जाना है।

12

शिशिर की रात
वसन्त की स्मृति में कोई रोता है

उसे वसन्त की उम्मीद और स्वप्न में
होना चाहिए
पर वह रोता है

बस यही तो
मेरे मुलुक में रितुरैण होता है।

13

इसी ऋतु की बात थी
तुम थे
किसी ऋतु की बात होगी
तुम रहोगे

ऋतुओं को लौटना होता है
तुम जहाँ हो
ऋतु लौटेगी तुम तक
लौटौगे तुम

ऋतुओं के गीत
सब नहीं
सिर्फ़ वे
जो अब तक न लौटे
एक दिन लौट आने वालों की
प्रतीक्षा की कहानी
सुनाते हैं
रितुरैण कहाते हैं।

14

शिशिर की कठिनाइयों में
जन्मा मैं

सुना कि माँ के जीवन को ख़तरा था
उस रात
उन्हें एम्बूलेंस में लिटा
पीछे अपनी लम्ब्रेटा पर चले थे पिता

सड़कों पर जगह-जगह कौड़ा तापते
लोगों के बीच से
ठिठुराती उस रात में
भय को पिछली सीट पर बिठाए
पसीने से भीगे
पिता जाते थे अस्पताल की ओर
आगे शिशिर की रात थी
लम्बी

कहते हैं पिता—
सब आशंकाओं के पार
कुछ देर बाद

शिशिर की उस रात उन्होंने
अपना एक अलग खिलता वसन्त
देखा था
देखा था एनिस्थिया के असर से बाहर आता
उन्नीस बरस की माँ का मुस्कुराता चेहरा

हर शिशिर में अपने होने से जूझता
सोचता हूँ
मैं अब वृद्ध लेकिन और तेजस्वी हो चले
उस युगल का प्रेम हूँ
उम्मीद हूँ
स्वप्न हूँ
ख़ुशी हूँ

कैसी यह द्वाभा जीवन की
कि हर शिशिर में भरपूर खिलता
वसन्त ही रहना है मुझे

और जो अपने भीतर का
रितुरैण है एक
टीसता
मस्तिष्क की सिकुड़ती धमनियों में
हृदय को
किसी भूचाल की तरह कँपाता
उसे गाना नहीं
चुपचाप सहना है मुझे।

15
[फिर फिर मुक्तिबोध]

सूर्य से
पृथ्वी के सम्बन्ध
घूर्णन
और चक्रण से भरे

धूल से भरे हम
कभी तर-ब-तर वर्षा से
कभी ठिठुरते
कभी गमकते रंगों और ख़ुशबू से

ऋतुओ ने साधा हमें
खेतों में दीखता सब तरफ़ गेंहूँ
हरा

शिशिर की ठिठुरन में साथी
ऋतुमती हुई है
धरा

अँधेरे बन्द कमरे में
घूमता है

लगाता है चक्कर
वही एक कवि
हड़ियल साँवले सुघड़ चेहरे वाला

ज्यों
मनुष्यता के बीहड़ों में
कविता का उजाला
गाता रितुरैण।

16

कोहरे से ढका बहुत गाढ़ा-सा
शिशिर है इस बार
और भीतर की आग के सम्भाल में
मेरे हाथ
अब जलने लगे हैं

एक लहर मेरे दिल को कँपाती गुज़रती है
आप उसमें शीत जोड़ कर एक समास बना सकते हैं

यह जानते हुए भी
कि समकालीन समाज समासों से नहीं चलता
मैं ख़ुद एक नहीं
कई-कई समास रचता हूँ अपनी भाषा में

शीत के साथ युद्ध एक समास था अब नहीं है
सुरक्षित और निरापद है दुनिया

उपसर्गों और प्रत्ययों से काम चल जाता है
हम आजीवन कलप सकते हैं
मनुष्यता के लिए

मैं फ़िलहाल
अपने ही एक शिशिर में फँसा हूँ
जो लहर मेरे दिल को कँपाती है उसी के सहारे
अपने भीतर की आग में
लपट उठाने की कोशिश करता हुआ
मैं एक दिन
अपने ग्रीष्म में चला जाऊँगा

वसन्त मध्य में रहेगा
मेरी रागमाला का प्रमुख राग
वह कभी रहा ही नहीं

मध्य में अचानक उसका खिल उठना
मेरी नहीं
उसकी नियति है।

17

गए दिनों की बातें
कभी आने वाले दिनों की बातें होंगी

मैं ग्रीष्म में मिलूँगा
वर्षा इस वर्ष कम होगी

शरद से मैं कभी आया था
हेमन्त में मैं अभी रहा था

शिशिर मेरा घर है इन दिनों

वसन्त को मैं सदा देखता रहा
बिना उसमें बसे

मेरे रितुरैण में
चैत्र मास
वसन्त के अन्त नहीं
ग्रीष्म के
आरम्भ की तरह रहता है

ओ मेरी सुआ
इतना भर साथ देना
कि इस ग्रीष्म में मेरा रह पाना
रह पाने की तरह हो
जैसे कोई रहे
कुछ दिन अपनी ही किसी आँच में
बुख़ार में रह रहा है
न कहें लोग।

18

मैं ऋतु का नाम नहीं लूँगा
एक दुख कहूँगा अपने शिवालिक का

मैं फूल का नाम नहीं लूँगा
एक रंग कहूँगा अपने शिवालिक का

मैं दृश्य के ब्योरों में नहीं जाऊँगा
आप देखना कि मैं कहाँ जा पाया हूँ
कहाँ नहीं

हिमालय की छाँव में
शिवालिक होना मैं जानता हूँ

उस ऋतु में
जब धसकते ढलानों से
मिट्टी और पत्थर गिरते हैं मकानों पर
एक कवि चाहता था
कि शिवालिक की छाँव में कहीं
घर बना ले

उस घर पर
जब ॠतुओं का मलबा गिरे
तो कोई नेता
मुआवजा लेकर न आए

कविता में लिखे हिसाब
गुज़री ॠतुओं का
तो चक्र में कहीं कोई टीसता हुआ
वसन्त न फँस जाए

किसी भाई को पुकारे कोई बहन
तो उसके स्वर की नदी
रेता बजरी के व्यापारियों से
बची रहे
भरी रहे जल से

चैत में हिमालय का हिम भर नहीं गलता
ससुराल में स्त्रियों का दिल भी जलता है
मेरे शिवालिक पर

दरअसल मुझे महीने का नाम भी नहीं लेना था
पर रवायत है रितुरैण की
चैत का नाम ले लेना चाहिए।

19

शिशिर में
बूढ़े और बीमार पक्षी मर जाते हैं
नई कोंपलें
झुलस जाती हैं पाले से

शिशिर में
शुरुआत और अख़ीर दोनों को
सँभालना होता है

शिशिर की क्रूरता
ग्रीष्म में बेहतर समझी और समझायी
जा सकती है

इसे इस तरह समझिए कि

जब किसी भी तरह
घर नहीं बना पातीं अपने उत्तरजीवन के
ससुराली शिविर को

चैत में
विकट कलपते हृदय से
स्त्रियाँ गाती हैं
मायके के शिशिर को।

20

शिशिर आए तो
चोट-चपेट में टूटी
दर्द के मलबे में दबी
अपनी अस्थियों को समेटूँ
और धूप में तपाऊँ

कोई पूछे
तो बताऊँ हड़िके तता रहा हूँ यार घाम में

ऐसा ही हो शिशिर का विस्तार
जीवन के
बचे-खुचे वर्षों तक
हो
पर ज़्यादा कुहरा न हो

अस्थियों को धूप का ताप मिले
दिल को
आस बँधे चैत की

ग्रीष्म का
आकाश मिले खुला
इच्छाओं को वन-सुग्गों सी
सामूहिक उड़ान मिले
गा पाऊँ
रितुरैण अपने किसी दर्द का

छटपटाता रहे जीवन सदा
इन्हीं विलक्षण
लक्षणाओं से बिंधा
ओ मेरी सुआ।

21

शिशिर के बीच
उम्र
अचानक बहुत-सी बीत जाती है
मेरी

कुछ शीत में
कुछ प्रतीक्षा में
मैं ढलता हूँ
पश्चिम में समय से पहले ही
लुढ़क जाता है
सूरज का गोला
और ऋतुओं से ज़्यादा
इस ऋतु में
वह लाल होता है

लिखने के बहुत देर बाद तक
गीली रहती है रोशनाई

वार्षिक चक्र में
ऐसी ऋतु एक बार आती है

जीवन चक्र में
वह आ सकती है
अनगिन बार

मैं जवान रहते-रहते
अब थकने लगा हूँ
इस शिशिर में
मेरी देह
प्रार्थना करती है

—मेरी आत्मा तक पहुँचे ऋतु
  शीत की
  मुझे कुछ बुढ़ापा दे
  कनपटियों पर केश हों कुछ और श्वेत
  चेहरे पर दाग़ हों
  भीतर से दहने के

इस तरह
जो गरिमा
शिशिर
अभी मुझे देगा
उसे ही तो
गाएगी
मेरी आत्मा
चैत में।

22

मंगसीर को बेदख़ल कर जीवन में
पूस आया है
गुनगुनी धूप को बेदख़ल कर कोहरा

हेमन्त से शिशिर तक आने में
राजनीति कुछ और गिरी है
देश कुछ और घिरा है
नागपाश जिसे कहते हैं शिशिर की ही बात है
विकट कोहरे से भरी रात है

दिल
जो धड़कता है देर शाम
कोड़ा तापते
मैं टूटी पसलियों के पिंजर में
महसूस कर उसे
कुछ और लकड़ियाँ
आग में
डाल देता हूँ

अपनी आँच बढ़ाते हुए
मैं शिशिर के शीत को गए बरस की याद से
बेधता हूँ

चैत से आया आदमी
चैत में जा रहा होता है तो जाने के लिए
शिशिर में
जल रही आग ही एक राह होती है

कुछ लोग
उस आग से आए थे

दुनिया से गुज़र जाने के बाद
कविता में
आज भी उनकी विकल आहटें
आती हैं

बर्बरता के शिशिर से
मनुष्यता के चैत में जाती हैं।

23

किसी ऋतु के
न आने की पीड़ा
और उस ऋतु में
चले जाने की
विकट आवश्यकता के होने से
आदमी पर्वत उठा लेता है
कानी उंगली पर

निज बालक को
पालता हो जैसे
ऋतुओं के निकट सान्निध्य में
एक अंधा भक्त कवि
ईश्वर को पालता है ऐसे

मैंने ईश्वर को नहीं
ईश्वर की तरह
प्रेम को बसाना चाहा है
अपने भीतर

और चहुँओर जो कीच मचा है
मेरी देह जो लिथड़ी है
समकालीन प्रसंगों में
किसी आने वाली ऋतु में धुल जाएगी

किसी आने वाली ऋतु में जल होगा
सिर्फ़ मेरे लिए
किसी आने वाली ऋतु में अग्नि होगी
सिर्फ़ मेरे लिए

रितुरैण होगा
सिर्फ़ मेरे लिए
जिसे
एक स्त्री उम्र भर गाएगी।

24

नायाब रिश्ते कमाए
और
ख़राब कविताएँ लिखीं

गौरव के बीच
अचानक शर्मिन्दगी मिली

पाले से झुलसी दूब पर
ठिठकी हुई
ऋतु मिली
शिशिर की

भोर हुई जीवन की
शीत में लिपटी

कोहरे के पार जो दिखाई दी
धुँधली-सी
मेरी आत्मा थी

जो आवाज़ थी मेरे पीछे
बुदबुदाहट सरीख़ी
रितुरैण था

किसी और ऋतु में
जिसे किसी ने गाया था
बहुत टूट कर
बिखर कर
वह मेरे पीछे आया था

अब भी सुनाई देता है
मद्धम
जैसे बाँज की डाल पर
घुघूती का बासना।

25

[इकत्तीस दिसम्बर दो हज़ार सत्रह]

किसी ऋतु में साल बदलता है
अंग्रेज़ी महीनों के हिसाब से

किसी दूसरी ऋतु में वह बदलता है
हिन्दी किंवा हिन्दू महीने के हिसाब से

किसी तीसरी में बदलता है
इस्लामी महीने के हिसाब से

हर बार ग़ज़ब हल्ला कटता है

मेरे जीवन में साल नहीं बदलता
ऋतुएँ भर बदलती हैं
मैं अपनी उम्र को सालों में नहीं नापता
ऋतुओं में मापता हूँ

हर बार वसन्त से नहीं
शिशिर से शुरू करता हूँ
अभी मेरी उम्र 264 ऋतुओं के

बराबर है
कुछ दिनों बाद वह
265 के बराबर होगी

उसका एक गीत होगा
265 ऋतुओं में कुल 44 बार
गाया हुआ।

26

पूर्णिमा से ठीक पहले का चाँद है
आकाश में
पौष का अन्त
कल माघ होगा

शिवालिक से देखो तो
तराई में भरा झाग दिखता है धुंध का
कुछ ऊपर चन्द्रमा
अपनी कलाओं से कुछ ऊबा हुआ सा

मेरा घर
उसी झाग में कहीं है
न जाने किस
बुलबुले के नीचे
वह गर्म साँस छोड़ता है
तो झाग में
कुछ हलचल होती है

मेरे आँगन में जल रही थोड़ी सी आग

शीत के उठान पर
मेरी देह के लिए ज़रूरी है

किसी ऐसी ही ऋतु में
कभी कोई ऐसा ही दिन होगा
जब मुझे
बहुत सारी आग की ज़रूरत होगी
किसी जलधारा के ऊपर
मेरा बिछौना होगा

यह लिखते हुए
मैं किसी अवसाद में न मान लिया जाऊँ
प्रमाद में ज़रूर हो सकता हूँ

जीवन को कभी अचानक
और किसी चीज़ की नहीं
प्रमाद की ज़रूरत होती है

जहाँ जीवन की अन्तिम अग्नि जलती है
ठीक उसी के नीचे
जीवन की अन्तिम जलधारा भी सोती है

जीवन के किसी माघ मास में
अग्नि जलेगी
अभी से कोशिश करूँगा तो उसके नीचे की
जलधारा भी साफ़ रहेगी।

जैसे रहते हैं वन-सुग्गे
मैं भी चैत्र मास के किसी रितुरैण में रहूँगा

ऋतुओं के साक्ष्य में ही कहीं
कभी दहूँगा
कभी बहूँगा।

27

नया साल मुबारक हो
माघ की पूनों को

रात चन्द्रमा जब खिलेगा
सम्पूर्ण हो
गुदड़ी में सिकुड़ रही होंगी बच्चों की देह
झों पड़ी में पेट से घुटने लगाए सोती
माँ की देह
भूख और शीत से काँपेगी
पिता जो कुछ पराजय कुछ मक्कारी में
खाली पेट
कच्ची पी आयेगा
मोरी पर बैठ उल्टी करेगा
—ये आज के प्रसंग नहीं
  सब दिन की कथा है

प्रयाग को याद करूँ?
वहाँ नहान है माघ की पूर्णिमा का
झोंपड़ी से उठ कर
कोहरे और गलन की ऋतु में

डुबकी लगाते हैं मेरे जन
कुछ पलों में सतह पर उभर आता
उनका सिर
जीवन मगर धंसा रहता
विकट धाराओं के बीच
जो बहुधा राजनीतिक होती हैं

निर्ममता, जघन्यता और सियासत के
कितने संगम हैं देश में?

पूनों का चाँद जवाब नहीं देता
सवाल भर उठाता है
लोकतंत्र के रितुरैण में

पूनों की ही रात में राजा हमारा
बजाता है
राग जनसम्मोहिनी।

28

वसन्त तू आना
मुझसे हाथ भर मिला कर गुज़र जाना

वसन्त तू आना
पर क्या करूँ
मुझे जितना जल्दी हो सके
है ग्रीष्म में जाना।

तू आना
तो घरवालों से बतियाना
मैं कुछ दूर
अपने प्रिय ग्रीष्म में रहूँगा

पंचमी मनाना
मनाना मेरे कवि-पुरखे का जनमबार

तू कभी भी आ सकता है
जैसे शिशिर के बीच पड़ोस के जंगल से
माथे पर मद का वसन्त लिए घूम रहे

जंगली हाथी के
चिंघाड़ने की आवाज़ आती है

कुछ दोस्त कहते हैं
वसन्त अब दो हज़ार उन्नीस में आएगा
जैसा वसन्त वे चाहते हैं
उसे एक कवि ने कभी भड़ुआ वसन्त कहा था
मैं उनका ऐतबार नहीं करता

मैं तो तेरा भी ऐतबार नहीं करता

मैं ऐतबार करता हूँ
उस ऋतु का
जब गरमी से पपड़ाए खेतों में
पानी की क्यारियाँ बना
धान की पौध डालते हैं मेरे जन

जब एक गहरे अवसाद के बावजूद
डालों पर फल पकते हैं
हमें मिठास से भरते हैं

सुग्गे मारते हैं चोंच
तो मौसम
और दहकता है
मेरी देह से
टपकता रक्त भी
सोंधा महकता है

उस ऋतु का रितुरैण कोई नहीं
रचता है
उसी को रचते
एक दिन मेरी देह
अगले किसी शिशिर में
राख बनेगी

अगले किसी शिशिर की कोहरे से भरी
हवाओ
उसे तुम गाना
इस तरह
कि कोई सुन न पाए

न जान पाए आख़िरी चोंच मार गए
सुग्गे का उड़ जाना

29

ऐसे ही नहीं जाएगी
ऋतु शिशिर की
अभी धुंध कुछ और भरेगी
जीवन में
और गलन और शीत

घर में अपने बेटे को नाश्ता कराते
अचानक भर आता है
माँ का दिल
अभेद्य कोहरे में बाहर निकल
वह खरगोशों के झोंपड़े में पराल ठूँसती है
अहाते में ठिकाना कर चुके
जंगली बिल्ले को देती है अंडे और दूध का कटोरा

घुटने के दर्द से कराहती
ठिठुरती हुई वह घर में वापस आती है

मैं देखता हूँ और पाता हूँ
कि आकाश में तो नहीं
पर एक माँ के कन्धे पर चेहरे का सूर्य उगा है

दुनिया भर में
माँओं के कन्धों पर सूर्य उगते हैं
ऐसे ही
ऐसे ही बीत जाती हैं
भूमंडल पर
कठिन से कठिन ऋतुएँ भी

मनुष्यता
दार्शनिकों का कारोबार नहीं
माँओं के दिल की
एक आवाज भर है।

30

शिशिर बीतते-बीतते
मैंने एक भेद कहा दिल का
आने वाली
ऋतु के कान में

कहा—
किसी से मत कहना
मानना मैंने कुछ नहीं कहा
सोचना कि
मैं किस हद तक सोचता हूँ
शिशिर के बारे में
और ग्रीष्म के बारे में

देखना
मैं हर चैत जीवन का जीता हूँ
डूब कर

वसन्त से ऊब कर
बना

मैं सुग्गा हूँ
शिवालिक के वनों का

मुझे आम नहीं मिलते
मैं फल खाता हूँ जिनका गूदा
क़ैद रहता है
कठोर बाहरी परतों में
मुझे खनिज मिट्टी से मिलते हैं
पानी पेड़ के कोटरों से

ख़ूब खरी होती है मनुष्य जीवन की
मिट्टी
और मनुष्य जीवन के पेड़
ख़ूब घनेरे

मेरे जीवन के रूपक विचित्र हैं
सरल हैं उपमाएँ

जो मैंने कहा आने वाली ऋतु के कान में
उसमें यह शामिल नहीं था

वह व्यथा थी जिसे एक मनुष्य
किसी तरह सहता है
यह कथा है जिसे एक कवि झूटमूट
कविता में कहता है।

31

मन्नान वानी कोई है
अलीगढ़ यूनीवर्सिटी में पढ़ते हुए
हिज्बुल में शामिल हुआ
पकड़ा नहीं गया

शिशिर में पकड़ा गया
बिलाल अहमद वानी जो कश्मीर के शिशिर से
कुछ देर को पूरब के शिशिर में आया था
देश के शिशिर में

समाज, संस्कृति और भूगोल का हिंसक अन्तर
वह समझ नहीं पाया था

केसर की क्यारियाँ ही नहीं होतीं कश्मीर में
बारूद और पत्थरबाज़ियाँ भी होती हैं
ये जानकारियाँ
और जनता के दिमाग़ से की गई ज़िनाकारियाँ
हर तरफ़ थीं

हर तरह की ऐयारियों के बीच
शिशिर में वह पकड़ा गया और छोड़ दिया गया
शिशिर में ही

बीतते-बीतते शिशिर बीत रहा है
सुना है
समाज में वसन्त आएगा

गुलमर्ग में फूल खिलेंगे और लखनऊ-दिल्ली में भी

मैं वसन्त में भाबर से शिवालिक पर
रहने जाऊँगा
किसी धोखे में नहीं रहूँगा
जितना जल्दी हो सके ग्रीष्म की राह गहूँगा

बिलाल अहमद वानी नाम का एक शख़्स है
कश्मीर में रहता है
बिना वजह पकड़ा गया
यह स्मृति में रहेगा
जैसे शिशिर रहता है
ग्रीष्म की स्मृति में

हिम रहता है
नदियों की स्मृति में

गीत रहता है
धोखे और दर्द की स्मृति में

कश्मीर भी
कहीं नहीं जाएगा
धोखे और दर्द की स्मृति में
वह भी रहेगा

कुछ राजनेताओं और बर्बरों के दिमाग़ों में
जो अँधेरी खोह होती है
वहाँ जमा बारूद
और लोगों के सिर तक पहुंचने को आतुर पत्थर भी
एक स्मृति बनाते हैं
उस स्मृति का बोझ हमारी धरती कब तक
उठा पाएगी?

एक दिन फफक उठेगा उसका भी दिल
राह भटके
अब तक घर न पहुँचे भाई के लिए
वह भी
एक रितुरैण गाएगी।

32

मैं वर्षा में राजगीर था
मरम्मत करता धैर्य के ढहने की
उम्मीदों के गिरने
और देह के पलस्तर उधड़ने की

शरद में
चरवाहा कभी हुआ करता था
अब सिर्फ़ घसियारा था
जो कुछ मिलता काट लाता
मेरे ही भीतर कुछ जीव मेरे भरोसे थे

शिशिर में लकड़हारा हुआ
दुनिया को
लकड़ियों की ज़रूरत थी
मुझे तापने से ज़्यादा ख़ुद को पकाने के लिए
एक निरन्तर आग की
जैसे मिट्टी पकती है भट्टे में खरी लाल ईंट बनती है
मकान में लगती है
ख़ुद की लकड़ियों की आग में मुझे भी कुछ बनना था

पकना था
कहीं लग जाना था

वसन्त आते-आते मैं
शिवालिक के ढलानों पर खिला फूल हूँ
जंगली घासों का
थोड़ी ही है मेरी उम्र
रंग कम हैं
सुकून बहुत कम है

बता दूँ
कि जीवन में ग्रीष्म आएगा
आएँगे
वैशाख और जेठ
तो मैं कुछ भी नहीं बनूँगा
सिवा एक गीत के
जिसे गाया चुका पहले ही
चैत्र में

तब
कोई कोई ही जानेगा ऋतुचक्र में
मेरा होना

33

पुरुषों में
उतना बोध नहीं ऋतुओं का
अन्तहीन ज्ञान के तले दबे कलेजे उनके
उस उमस से सदा दूर ही रहे
जिसमें फँस कर
फूटते हैं अंकुर
कठोर से कठोर बीजों से भी

उमस
स्त्रियों के संसार का सत्य है
पुरुषों में
वह तात्कालिक अनुभूति मात्र है

इसी उमस की ऋतु में
बँधती उम्मीद
सूखती झीलों के दुबारा भर जाने की

जहाँ झील होगी
वहाँ बत्तखें होनी चाहिए

ऋतुएँ हैं
तो उनके गीत होंगे ही

गाएँगी उन्हें स्त्रियाँ ही
मसलन गायकी में भी
साधी जो शास्त्रीयता पुरुषों ने
उसे हृदय के अनगढ़
कुछ विरल सुरों मात्र के संयोग से
लोक कर दिया स्त्रियों ने
गायी कजरियाँ
गायी चैती

कानों में घुली रही एक आवाज़
काँपती करुण—
ओ रे सुआ
मेरो सुआ
कै दिना मिल जाण मैती?

34

एक युगल
वय में कुछ प्रौढ़
हाथ थामे
एक-दूसरे का
ठंडी रोड पर
जनवरी की एक सुबह
धीमे-धीमे
टहलता चला जाता था

गोया पूछता—
लगातार रिसती-सूखती हुई
झील वाले इस शहर के
ठिठुरते लोगों से
शिशिर से वसन्त में चले जाने का
इससे बेहतर
कोई तरीका हो तो कहो

छोड़ो भी यूँ रीसना
भूल जाओ कुछ देर को

भीतर किसी दर्द का टीसना
उम्र की ढलान पर
हमारी तरह
तुम भी वसन्त की राह गहो

लौट-लौट आती हैं ऋतुएँ
वे जो चले गए
एक-दूसरे का हाथ थामे धीमे-धीमे
शायद न भी लौटें

लेकिन इसी तरह
एक पल को नगण्य-सा लगता
जो संघर्ष
जो पराक्रम
जो प्रेम
अनगिन अनजान जनों ने
विपरीत स्थितियों और समाजों में
सम्भव किया है
वह सब भी लौटता है

जिसे गाया जाता है
चैत्र में
उस दर्द को इसी तरह
मैं समझता हूँ

मनुष्यता को समझने का
इससे बेहतर
कोई तरीक़ा हो तो कहो

अब छोड़ो भी रह-रह कर रीसना
मेरी ही तरह
तुम भी किसी गीत की राह गहो।

35

जितने अँगीठी में अंगारे
लगभग उतने ही शब्द बहुत हैं
शिशिर के उतार पर
भाषा को गरमाने के लिए

जितने क्यारी में फूल
लगभग उतने ही रूपक बहुत हैं
वसन्त की अगवानी के लिए

ग्रीष्म का स्वागत
मैं हमेशा नई फ़सल के गेहूँ से करता हूँ
वर्षा में जाता हूँ
धान की पौध के साथ

शरद में मेरी देह से दर्द झरता है
और आत्मा में
अनदेखी कुछ कोंपलें फूटती हैं

हेमन्त में पाता हूँ
कि मैं कवि नहीं हरकारा हूँ

मेरे झोले में
शरद के कुछ पीले पत्ते हैं

उन्हें फूलों में बदल देने का हुनर
जिसमें होगा
वह कवि नहीं जादूगर होगा
मुझे तो काटनी होंगी लकड़ियाँ

शिशिर के आरम्भ पर
हर वर्ष
मैं काठ और कुल्हाड़ी के बारे में
सोचता हूँ

आग की लपटों में मुझे फूल दिखाई देते हैं
फूलों में दिखाई देती हैं
लपटें

चैत के महीने
जो कौथीग होगा गाँव में
वहीं
कुलदेवी के मन्दिर के पास
रखी मिलेगी मेरी कुल्हाड़ी

और मेरा काठ
आग में बदल चुका होगा।

36

[शोक दूधनाथ]

बहुत बूढ़े गरुड़ भी
डाल पर बैठे हुए नहीं मरते
वे भरते हैं
एक आख़िरी उड़ान
तेजस्वी और शानदार

आँखों से लगभग ओझल
बहुत ऊपर
वे मँडराते हैं
हम ही
उन्हें देख नहीं पाते हैं

उनके डैनों की परछाईं तक
धरती पर
दिखाई नहीं देती

उनकी स्मृति भी उतनी ही ताक़तवर
एक गरुड़ होती है

और सुबहों से अलग
उसी स्मृति के मज़बूत पंजों में दबी हुई
अचानक
एक सुबह होती है
जीवन में

हम देखते हैं
कठिन ऋतुओं का परिन्दा उड़ चुका
कोहरे को चीरती उसकी उड़ान
पूरब से पश्चिम की ओर
धुएँ की लकीर की तरह दिखती है

जो
सूर्य का साथ करने को उड़ा है
उसके
झुलसे हुए डैनों की
थोड़ी सी हवा
धरती पर बच गई है

शिशिर के अन्त पर
उसने वसन्त का नहीं ग्रीष्म का वरण किया है

और जो फँसा है शोकगीत
मेरे कंठ में

घुटा-घुटा सा
वह विशाल किंतु बूढ़े डैनों वाली
इसी रितु की रुवेण* हैं।

---

* रुदन

37

इन दिनों देश भर में
गिरते भूजल स्तर की तरह
घटती जा रही आशाएँ

और
सामर्थ्य नहीं सबका
कि गहरे तक खोद सकें
पा सकें पानी

ऋतुओं के भरोसे
हमेशा नहीं रह सकता आदमी

आकांक्षाओं पर खरा उतरना
ऋतुओं की
बुनियादी संरचना में
शामिल भी नहीं है

जैसे हमने नष्ट किया है
अपना पर्यावास
जैसे हमने नष्ट किये

अपने श्वास
हमें अब निरन्तर हताशाओं में ही
वास करना है

उस पर भी
एक तथ्य से हमारा सामना
जन्मना है
कि हर कहीं जीवन ही नहीं रहता
देह में
कहीं मृत्यु भी रहती है

हम देख नहीं पाते
हमारी त्वचा रोज़ बनती
और रोज़ झरती है

सदा
जन्म और मिलन के मंगल गीत ही नहीं रहते
मनुष्य कंठ में
दर्द से लदे
रितुरैण भी रहते हैं

शिवालिक के
सबसे सुखद कहाए जाने वाले
दिनों में
सबसे सुखी कहायी जाने वाली
स्त्रियाँ
गाती हैं उन्हें

जैसे
हिन्दी का कोई कवि
अपने समृद्धिकाल में
खोजता हो
निराला का पता

स्वयं से अभिभूत
देश की खोखली इस इक्कीसवीं सदी में
काम आनी है
पुरखों की कमायी वही जीवट भरी
आधुनिकता

वही दो आख्यान महान
वही विचार
वही मनुष्य नए बीसवीं सदी के
वही विज्ञान।

38

महानताएँ
जो लोगों के काम नहीं आतीं
अपने होने में ही
पिटती-पछताती हैं

पवित्रताएँ
सिरा दी जाती हैं उन्हीं की-सी किसी पवित्र
नदी में
जहाँ मछुआरों के बच्चे
सीपी और घोंघे खोजते हैं

कथित धर्म
और तमाम सामाजिक गबदूपने को
घास में छुपे साँपों की तरह
काटती हैं
मेरे गाँव की घसियारिनें

बुत बनाए जाते हैं
युगप्रवर्तक महापुरुषों के
उन पर

किताबें लिखी जाती हैं
हत्यारे हर बात पर
उनका हवाला देते हैं

साधारण जनों
और मनों के लिखे जाते हैं रितुरैण
गाते हैं
प्यार और दर्द से खिंचे कंठ
उन्हें।

39

ग्रीष्म का न्याय है
हवा
अपनी तेजस्विता में
वह लू-लपट भी
हो जाया करती है

वर्षा का बहुश्रुत न्याय
जल है
पर वास्तविक न्याय मेरे जनों के लिए
सिर पर न टपकने वाली छत
और
सोने के लिए सैलाब से ऊपर की
थोड़ी सी सूखी ज़मीन है
जहाँ विषैले जीव
न सताएँ उन्हें

शरद का न्याय है
साफ़ आकाश और वह पारदर्शिता
जिसके पार अपलक निहारते
वृक्षों से पत्ते

चुपचाप झर जाते हैं
गुलाबी हवाओं से भरी वे साठ रात्रियाँ
चार प्रतिपदाएँ
जब धरती पर दिखने शुरू होते हैं
अश्रुकण
जिन्हें ओसकण कहना
शरद से अन्याय करना हो सकता है

हेमन्त और शिशिर का न्याय
अग्नि है
सुखद आँच देती
पर ज़्यादा सँभाल के जतन में
हाथ जला देती
भेड़ों के शरीर पर ऊन
और
जंगल से लौटती औरतों के सिर पर
सूखी लकड़ियों के गट्ठर
शिशिर का ठीक-ठीक न्याय हैं

ध्यान से देखेंगे तो पाएँगे
खट्टी-मीठी सुगन्धि और लाल रंग वाला
एक फूल बुराँस का
शिवालिक पर वसन्त का न्याय है

उसके न्याय होने का
यह भी एक प्रमाण है
कि वह

बहुत दिन नहीं रहता
वृक्ष पर

उसकी या तो स्मृति रहती है
या आशा।

40

जाने किस देश गए तुम कंत
अभी जो घिरने को है
धरती पर
हर ओर वसन्त
मैं क्या करूँ इसका
—कई कविताओं में कई तरह से लिखी पाई मैंने
ये पंक्तियाँ

मातृकुल की याद वसन्त के अन्त पर
गायी गई
तो सिर्फ़ रितुरैणों में

जाना
कि लोग वृक्ष का केवल तना ले जा पाते हैं
काट कर
धरती में धँसी जड़ें कुछ न कुछ
हमेशा छूट जाती हैं

चूल्हों में धुआँती लकड़ियों का

अचानक भभक जाना ही
रितुरैण है

न कोई व्यक्ति
न कोई ऋतु
कोई नहीं हर सकता किसी का ताप
हर किसी को
अपने एक रितुरैण
अपने एक बुखार में रहना पड़ता है।

41

आधी रात
आँखें अचानक किसी प्रतीक्षा में नहीं
आघात से खुलती हैं

मैं पाता हूँ
बाहर वसन्त आ गया है अचानक
अचानक
मेरा जी धक से रह गया है

मैं प्रतीक्षा में पाता था
ख़ुद को
अचानक आघात में पाता हूँ

मैं ठगा गया हूँ
मैंने ही ठग लिया है ख़ुद को

मेरे लिए
कोई रितुरैण अब शायद नहीं होगा
एक गीत होगा

जिसमें मैं अपने वसन्त और उनकी रुवेण
खोजता
बीच राह में ही कहीं
खप जाऊँगा।

42

मुश्किल दिनों ने
मेरी रीढ़ और कन्धे पर असर किया है
यह गए शिशिर की बात है

ग्रीष्म में ठीक कर लूँगा
अपनी चोट
करूँगा मरम्मत
हड्डियों की
वर्षा तक साबुत निकलूँगा
मिला हुआ
जीवन निभाने को

बीच में कहीं वसन्त रहेगा
अपनी सौम्यता में इतना धँसा हुआ
कि क़दमों में बिछा हुआ लगेगा

उसकी सफलता
रितुरैण का नहीं

दुख का नहीं
उन्माद का विषय होगी

जैसे हिन्दी के
नवयुवकों की कविता।

43

खानपान के बारे में सोचें
तो इस भरतभूमि पर
वसन्त
पकौड़े खाने की ऋतु नहीं है
वर्षा वह ऋतु है

वसन्त
कम खाने की ऋतु है
और
ग़म खाने की ऋतु है
शीत के बाद
बदन गरमाने की ऋतु है

बेमतलब
तुक मिलाने की ऋतु है

जब ग्रीष्म होगा धरा पर
पूछेगा
वसन्त का हिसाब तो सारे आँकड़े
धरे रह जाएँगे

यों वसन्त की पंचमी है आज
एक दिन जिसे तमाम उत्सवों के बावजूद
दूसरे दिनों की ही तरह
गुज़र जाना है

वो जब होगी धरा जगमग मनोहरा
किसी और ऋतु की बात होगी

वसन्त में बहके राजनेता
ग्रीष्म में सँभल जाएँगे ऐसा होने का
कोई साक्ष्य
भारत के राजनीतिक इतिहास में
दर्ज़ नहीं है

दुख के कुछ रितुरैण ज़रूर हैं
धीरे-धीरे वे भी
अपना मूल स्वर भूल जाएँगे।

44

वसन्त जो
प्रकृति का हठयोग है
शुरू हो चुका
आ चुकी ऋतु

धरा पर खिलने की उम्मीदों का बोझा
हर ओर से लद रहा

डगमगा रहे मेरे पाँव
मुझसे नहीं सधेगा ये कारोबार
फूलों के व्यापार में
मेरी कोई पूँजी नहीं

मैं ग्रीष्म में रहूँगा
चैत पार करोगे तो मिलूँगा
जब पगडंडियों पर उगी घास
कुछ छँटने लगती है

जब घुघूती के वास में
दो नाज़ुक चितकबरे अंडे धरे मिलते हैं
और वो ज़्यादा वक़्त उन्हें सेते हुए
बिताती है
उस ऋतु में मैं मिलूँगा।

रितुरैण

45

सशक्त आलोचक
सशक्त कवि
सशक्त कथाकार
—एक विशेषण जो बन चला था रोग

सशक्त थे जो दरअसल सशस्त्र थे
शस्त्रों के सहारे
वे भय उत्पन्न करते थे

साहित्य के पड़ोस में शस्त्रागार था
शस्त्रागार में
सब दिन वसन्त था।

46

मैं
एक ऋतु का नाम लिखूँगा
और एक जगह का

वसन्त में कासगंज आया है
कासगंज में वसन्त आया है
कैसे लिखूँ?

मुझे
सिर्फ़ कविता नहीं
रितुरैण भी लिखना है
राजनीति
और समाज का

मैं पीड़ित कल का हूँ
और
शर्मिन्दा आज का

26 जनवरी, कासगंज दंगा।

47

हत्या के बाद
जिम्मेदार व्यक्तियों के चेहरे पर
जो मुस्कान आती है
सब ऋतुओं को उजाड़ जाती है

फिर यह तो वसन्त है—
नाज़ुक-सा एक मौसम
इसकी क्या बिसात
हत्यारे
चेहरों के आगे

चल भाई वसन्त
अपना झोला समेट यमुना के किनारों से
उठ
और शिवालिक पर कहीं
मेरे साथ बसेरा कर

रह मेरे क़रीब
कि छटपटाऊँ तो धिक्कार पाऊँ
तुझे

जाऊँ अपने प्रिय ग्रीष्म में
तो ले जाऊँ
किसी पुड़िया में बाँध कर

अगले बरस का तू बीज बन
मैं तैयार करूँगा अपने हिस्से की धरा

बहुत सारे रंगों के बीच
जिसमें
अपनी ज़मीन पर
महफ़ूज़
और अपनी ज़मीन के प्रति
समर्पित रह सके हरा।

48

अल्पसंख्यकवाद के कई वसन्त
देखे मैंने
बहुसंख्यकवाद के वसन्त भी
देख रहा हूँ

कुछ लोग वोटों के ढेर पर
फूल खिला रहे हैं
मुझे 'गुल खिला रहे हैं' कहना चाहिए
भाषा में ये जो हल्का सा पेच है
इससे ज़्यादा वसन्त में नहीं होना चाहिए

पर यहाँ पूरा वसन्त ही
एक पेच है झंड किया हुआ

मैं वसन्त को बहुत प्रशंसनीय ऋतु नहीं मानत
मैंने बचपन से ही
गाँव के घरों में अकेली छूटीं
हर वय की कलपती स्त्रियाँ
और

उनके साथ वसन्त की
घरेलू हिंसा देखी है

दंगा करने वालों के वसन्त हैं
इस देश में
जबकि मनुष्यता के वसन्त होने थे।

49

वसन्त आता है
और कवि कहते हैं वसन्त आ गया है

जो कभी अग्रदूत होते थे
अब डिजिटली रिकॉर्डेड वह आवाज़ हो गए हैं
हर फ़ोन कॉल पर जो कहती है—
आप जिस व्यक्ति से सम्पर्क करना चाहते हैं
वह अभी व्यस्त हैं

मैं कहता हूँ—
मैं वसन्त से सम्पर्क करना नहीं चाहता
वह व्यस्त रहे
मुझे शिशिर से ही मिल जाते हैं
हर वर्ष
वसन्त के हालचाल

वसन्त की आवाज़ें अकसर
धोखादेह होती हैं

ऐसी ही ऋतु और ऐसी ही आवाज़ का मारा
रोता है गली में कुत्ता
तो लोग पत्थर मारते हैं

मेरे पास बिसूरते उस पशु के लिए
एक रितुरैण भर है

मैं वसन्त के विरुद्ध नहीं उससे आशंकित
एक व्यक्ति हूँ
जिसे वसन्त अगर फ़ोन कर सके तो
आएगी आवाज़—
आप जिस व्यक्ति से सम्पर्क करना चाहते हैं
वह अभी व्यस्त हैं
किसी और कॉल पर

जिस पर व्यस्त
रहता हूँ
वह कॉल हमेशा ग्रीष्म की ही
होती है।

50

वसन्त है
कल नहीं रहेगा
पत्ते झड़ने से बुरी गत है
पेड़ों की

चिड़ियें गा ही रही हैं
पता है उन्हें
तराई में गरमी चढ़ने पर
पत्ते फिर उग आएँगे

सौम्यता धोखा दे सकती है
उजड्डता साथ देती है

प्रकृति
इतना सौम्य कार्य-व्यापार है भी नहीं
वह चरम रूपों में ही खुलती है

लोग अच्छी सरकार माँगते हुए यही तो भूल जाते हैं
वे सरकार से स्थायी और सदा क़ायम
वसन्त माँगते हैं

नहीं जानते वसन्त की हिंसा
मेरे शिवालिक की विपन्न औरतें
जानती हैं

कवि
जो दर्द से भरे दिल नहीं जानता
और नागरिक
जो गर्व से भरी सत्ताएँ नहीं जानते
जीवन के ज़रूरी रितुरैणों से बाहर
सिवानों पर
एकाकी सियारों की तरह जीते हैं

मैं क्या जानता हूँ
क्या नहीं
कितना कवि हूँ
कितना नागरिक
इस पर बात
वसन्त के बाद कभी।

51

वसन्त जो उमगा है चहुँओर
उसमें
उस ताप के हिसाब खोजता हूँ
जिसे मेरे लोगों ने
सिरजा था

शिशिर को सहते हुए
वे ऋतु के ख़िलाफ़ नहीं
ऋतु के साथ गए थे

उन्हीं लोगों की अगवानी में
खिलने चाहिए फूल
बिछनी चाहिए दूब
सूखी कठोर धरती पर

जाने कितनी सदियों से
मेरे लोग लौटते रहे हैं
एक ऋतु में गए दूसरी में लौट आते
एक ऋतु में सहा दुख
दूसरी ऋतु में गाते

हुड़का बजाकर
आत्माओं-देवताओं तक को नचाते
घर के आँगन में

कथाओं के भीतर
जो अन्तर्कथाओं में रहते हैं
उनके जीवन का मर्म
अलोप ही रहता है अकसर

ऋतुओं में मेरा वास
ऋतुओं का मुझमें वास
ऐसी ही
एक अन्तर्कथा है।

52

छुटभैयों का रहा वसन्त
हम सबने तो सहा वसन्त

हम नदियों में रहे पियासे
नाली-नाली बहा वसन्त

हवा वसन्ती क़ज़ा वसन्ती
अपनी ही अगिनी दहा वसन्त

सूखी सत्ता की हरियाली
गरमी आई ढहा वसन्त

महापुरुष सब टुच्चे निकले
लुच्चा निकला महा वसन्त

कुत्तों पर है खुजली छायी
वाह ये मौसम अहा वसन्त।

53

दिल
जो आवाज़ करता है
मनुष्यवत
लुप-डुप की बिलकुल साफ़
एक सुर
एक अन्तराल वाली
　　—उस पर काहे
　　　वसन्त लादे देते हो?

ऋतुओं के फेरे में
यह तो
ठीक-ठीक एक पड़ाव तक नहीं

सुनो विद्वज्जनो
शिशिर और ग्रीष्म के
बीच की
अस्पष्टता ही
वसन्त है

ज़्यादा से ज़्यादा
एक और वर्ष का अन्त है
जिसे
आप सकुशल जी गए

आप अधर में रहते हैं
वसन्त में रह रहा हूँ जब कहते हैं
तो मैं समझ जाता हूँ
किस तरह के सुख में आप बहते हैं

जबकि
चहुँओर मर रहे हों लोग
छली जा रही हों स्त्रियाँ
सत्ताएँ
जीवन की कोपलें चर रही हों
कर रही हों
नींद तक में आपके सिरहाने
जुगाली

ईश्वर
आपको वह सुख सह सकने की
शक्ति प्रदान करे
जिसे आप वसन्त कहते हैं।

54

आओ तुम्हें दिखाऊँ बिसखोपड़े वसन्त के
खोपड़ी पे नाच रहे भूतड़े वसन्त के

पैदा किए वसन्त में इब्लीस ने जो बच्चे
गरमी में धोते रहना अब पोतड़े वसन्त के

हैं फूल पीले-पीले पीली है पत्रकारिता
अब साल भर फलेंगे कोंहड़े वसन्त के

मुँह में दबी हुई है थैली विकट ज़हर की
दिल में कमीनगी है पर थोबड़े वसन्त के

अल्लाह तेरी क़ुदरत की कैसी गत बनी है
मुल्ला की देह पर हैं बस लूगड़े वसन्त के

गो ज़िंदगी के घाटों पर श्राद्ध हो रहे हैं
फिर भी हैं मौज में हम जोगड़े वसन्त के।

55

एक जाम ज़्यादा हो जाए
तो मीर को याद करो
उठो आरामकुर्सी से
उस गली से उठने की तरह
नजूमियों की-सी भाषा में ग़ालिब पर
कुछ बात करो

कभी
होली-वोली पर अपने मनोसमाज को
कोई नज़ीर भी दो

निराला को धर लो
कभी कुकुरमत्तों तो कभी गुलाबों पर
भूल कर भी नाम न लो
किसी बकरिहे
किसी भाट
किसी चमार का

मक़दूम?
ये मक़दूम कौन था?

और चमेली के मड़वे तले जो क़ब्रें थीं
दो नौजवान शरीरों की
अगल-बगल
एक-दूसरे से बिलकुल सटी हुईं?

मृत्यु की ऋतु तो बीत गई शिशिर के कवि
शिशिर के साथ ही
अब किसकी क़ब्र पूछते हो?

प्रगतिशीलता कोई कुल था भी
तो अब वह निर्वंश है

कोई शिशिर नहीं कहीं
कोई ग्रीष्म नहीं
चौतरफ़ा छाया वसन्त है

रहो कमबख़्तो
कुल जीवन
अपने वसन्त में रहो

लादो
वसन्त पर ही
अपनी
सब वासनाएँ लादो

तुम्हारा वसन्त यह
भारत का लोकतंत्र है

और मैं?

मैं इस राह पर
ज़हरख़ुरानी के बाद भी बचा हुआ
कोई मुसाफ़िर।

56

तत्सम के वसन्त में
कोसी आपको कौशिकी लगती है
और रिस्पना ऋषिपर्णा

नदियों के अपभ्रंश वे
दरअसल
जीवन के हर चैत्र मास में
मेरे जनों के जीवन और भाषा का
बचा-खुचा जल हैं

देखता हूँ
शिवालिक के उड्यारों से निकला
एक सरल समाज
अब गंगा किनारे के
मठों की
गद्दियों पर जा बैठा है

हुआ है महंत
प्राचीन प्यारा वसन्त जिसे बुराँस से जाना था मैंने
उसे आज

निसास भर देखता हूँ

नि:श्वास कैसे कहूँ
मैं तो उद्वेग को भी उदेग कहता हूँ

अभी मुश्किलों के शिशिर से
निकला हूँ
मनुष्यता के ग्रीष्म में रहता हूँ

ऋषिपर्णा के किनारे
मन्त्रपाठ के साथ
उठता है पवित्र यज्ञों का धुआँ

रिस्पना के किनारे
टूटते एक छप्पर के तले
सजती है
रमेश कश्यप की रसोई

अब ये रमेश कश्यप कौन है
महान उस तत्सम परम्परा से पूछिए
या पूछिए
सरकार के किसी पटवारी से
जिसकी खतौनी में
कहीं यह नाम नहीं है

रघुवीर सहाय से पूछिए भी कह सकता था
नहीं कहा।

57

मैं जीवन को देखता हूँ
वसन्त से पहले
और वसन्त के बाद

पहले और बाद के बीच भी
जीवन रहता है
लेकिन उसमें रम जाने से
जो मुश्किलें खड़ी होती हैं
वे जानलेवा
हो सकती हैं

ऐंसी ही एक मुश्किल से निकला हूँ
टटोल रहा हूँ नब्ज़
अपनी ही देह में खोज रहा हूँ पराण
बच गया हूँ

जो नहीं बच पाते
कवि गाते हैं उनकी महिमा
मैं गाता हूँ रितुरैण

जिसमें स्वप्नों का
एक संसार उजड़ जाने के बाद भी
कुछ यथार्थ बच जाने का
क़िस्सा है।

58

पहले फागुन आएगा
जिसकी एक बेमतलब सुन्दरता है
बेमतलब मादकता
आदिम समयों में कोई मतलब था
इसका
अब एक गफ़लत भर बची है

धीरे धीरे गरमी उतरेगी धरा पर

मत पूछो
कहाँ-कहाँ पर

जिसकी याद शिशिर में थी
वह वर्तमान होगा

ऋतु का नाम वही रहता है
पर हर वर्तमान अलग होता है

वसन्त का वर्तमान जघन्य हमने
अभी देखा है

बुराँस झर न पाए थे शिवालिक के
कि पूरब के कछारों में
रक्त बह निकला

नदियों में पानी कम पड़ता है
आदमी के मन में
हिंसा कम नहीं पड़ती।

59

बगिया में बगरे वसन्त को समेटने के दिन
बेहद क़रीब हैं

काँवड़िये जो लौटे हैं गदर मचाते
उनके घर की औरतों ने सड़क पर कलश यात्रा के साथ
उनका स्वागत किया है

मैं धर्म को तो नहीं पर देश को समझने लगा हूँ
श्याम वर्ण शिव
राख के शृंगार
जटाओं का मैला कुचैलापन
सर्पों का वास
गोया शिवालिक पहाड़ मेरा
जली हुई घास वाला

उधर अरावली के पूरबी छोर पर
एक ही सा उठता है
पित्त और कवित्त
वसन्त का अन्त

इसी तरह होना है
कुछ लोगों के जीवन में

वे सिर्फ़ वसन्त जानते हैं
मैं जानता हूँ
छह में से पाँच ऋतुएँ
ठीक-ठीक।

60

अपने घर में रहते-रहते
अचानक पाया
कि फागुन आया है देश में
और मैं सीरिया में हूँ

मैं अकसर ही
कहीं रहते हुए कहीं और रहने लगता हूँ

होली की बैठकों के न्योते बहुत हैं
मैं सीरिया में हूँ

अपना रक्त मुझे देह में नहीं
सड़क पर बहता हुआ महसूस होता है

ज़्यादा रक्त बह जाने से मैं मरने वाला हूँ

बम के धमाके के पास खड़ी
बहुत छोटी बच्चियों का पिता हो जाऊँ
इसके लिए कोई राह नहीं

अब भी जिन्हें फागुन चढ़ा है
वे होरी गाएँ

मुझे गाना है रितुरैण।

61

मुझे घनघोर
हर ओर
वसन्त की आदत नहीं है

मैं वसन्त से शुरुआत नहीं करता
वह मेरा माध्यम नहीं है
मैं खोजता हूँ उसे
दूसरी ऋतुओं में

शिशिर मेरा माध्यम है
जलती लकड़ियों की लपट शिशिर में
मेरा वसन्त है

ग्रीष्म में राह पर थोड़ी छाँव
घर लौटने पर ठंडा पानी और प्रिय चेहरे परिजनों के
मेरे जीवन में रोज़ उतरने वाले वसन्त हैं

वर्षा में जब घर के भीतर घुसता है पानी
वसन्त की ध्वजा
चींटियाँ अपनी पीठ पर उठाती हैं

शरद में
और हेमन्त में
और जहाँ पर भी ऋतुओं की संधि हो
मेरे लायक
मेरे साथ कुछ वसन्त होता है

और ये सारे कवियोचित किंचित सधे-सधाए ब्यौरे हैं

वो
जो मेरे हर रतजगे में मेरा साथ देती
मेरी बमुश्किल नींदों की देखभाल करती
एक निजी ऋतु वासन्ती है
जीवन की

उसके उल्लेख
सदा छुपे ही रहते हैं
मेरी बहुत बोलती कविताओं में भी

वही गाती है
रितुरैण भी कभी-कभी
उसी में
मेरा वसन्त रहता है।

62

वसन्त के अन्तिम दिवस
गेहूँ में पानी छोड़ने की ख़ातिर
गूल के झगड़े में पिटा
तीन बीघे का किसान

उसकी पत्नी अस्पताल से टैम्पू में लाई उसे
तो हाथ के सौ रुपये भी जाते रहे

छोटी पहाड़ी गाय ने बमुश्किल दिया एक लीटर दूध
वही भर पिया दोनों ने
और उनके दुधमुँहे बच्चे ने
गाय यों ही माता नहीं कहाई गई किसानों के
हमारे भारतीय लोक में

वसन्त की अन्तिम रात्रि में
किसान जोड़े का कुल संघर्ष
किसी सुन्दर और समृद्ध भविष्य के लिए नहीं
बुखार में पड़े बच्चे की कुछ देर की
राहत भरी नींद के लिए था

कहते हैं उस रात्रि
वह उनके जीवन का अन्तिम वसन्त था

और प्यारा यह देश हमारा
किसी भी विकासशील देश की तरह
आँकड़ों के वसन्त पर
सोया रहेगा हमेशा

उसकी नींद में हमेशा
अनगिन ऐसे रितुरैण भी रहेंगे
लोग जिन्हें
दुःस्वप्न कहेंगे—यह वसन्त का प्रसंग है

मनुष्य-जीवन के सुख के स्वप्न
मनुष्यता के ऋतुचक्र में
वसन्त का नहीं
ग्रीष्म का विषय हैं।

63

फूलों की खेती कर
चला गया वसन्त
जो सामने है ग्रीष्म है
फलों की ऋतु
और बीज की

राजनीतिक कविताओं में
फूल चुनने वाले माली अब ख़ाली हैं
राख हो रही संरचनाओं को
विखंडन से पुनर्जीवित करने वाले
खड़े हैं विमर्श के मंचों पर
बिना यह जाने
कि उनका भकुआना
न कविता होगा न आलोचना

मैं खड़ा हूँ वहीं
जहाँ फूलों की खेती कर कहीं चला गया है
वसन्त
और ग्रीष्म ने अपना आना जता दिया है

छुपा दिया है बीजों को जहाँ
वसुंधरा का वही पता
मेरा भी पता है

पत्र जो पहुँचे हैं
मुझ तक
अगले वसन्तों के पत्र हैं
जीर्ण और पीले।

64

[शोक केदार]

जाता वसन्त
केदार को ले गया
और मैं हठी
लौटा तक नहीं
शोक की ख़ातिर भी

जैसे समुद्र में डाल्फिन का खिलंदड़ापन
बेहद गंभीर और जानलेवा
ऐसे रहा हिन्दी का एक कवि
कविता में

वह इंग्लिश चैनल का नमक लाया
गंगा के पानी तक

सहज
सुन्दर
सौम्य
पर विकट बलियाटिक भी

कुछ मनुष्यवत पाप सहेजे
पछतावे का कोई काँपता-सा आँसू टिका हो जैसे
भाषा के कपोलों पर

कपाल पर ज्यों पसीने की बूँद थरथरायी हो
सूखने से पहले

लेकिन समाज यह हमारा
न तो उस पछतावे को पहचानता है
जो वैष्णव आत्माओं की
सदियों पुरानी परम्परा की आँखों में
सदा ही बहता आया है

न उस पसीने को
जो इस वसुंधरा पर बेहद साधारण जनों के
होने की महक है

कोई-कोई कवि महान हो जाता है
जिसे हृदय में छुपाए
उस शिशुवत मनुष्यता का तो
उल्लेख ही
अब व्यर्थ है

केदार के चले जाने का अर्थ खोजते
समकालीन अपराधियो!

अगर है
तो केदार के बच जाने का
इस खंख समय में
कुछ अर्थ है।

65

वसन्त में मिल रही विध्वंस की
ख़बरों के बीच
अनिष्ट की कई-कई आशंकाओं के विरुद्ध
एक मित्र ने कहा—
इतना आसान नहीं है

वो मारना तो चाहते हैं
पर हमारा मर जाना इतना आसान नहीं है

समाज को तोड़ने की हत्यारी कोशिशें तो हैं
पर समाज यह
पूरी तरह टूट जाए इतना आसान नहीं है

देश यह बाढ़ में डूब जाए मुमकिन है
पर इसे डुबो कर
मार ही दिया जाए इतना आसान नहीं है

मैंने भी सोचा
उस प्यार भरे दिल के बारे में

पहलू में जिसे सँभाले
लगातार पिटती रही है मुहल्ले की
एक मुसलमान लड़की
रेशमा
अड़ी हुई कि शादी करूँगी तो
राजू से ही

राजू जो दो सौ रुपये रोज़ पर
ट्रैक्टर चलाता है
रेशमा जो दो सौ रुपये रोज़ पर
गेहूँ धान काटती है
फ़सल का समय न हो तो
पचास रुपये रोज़ पर बरतन माँजती है

दोनों को नहीं पता
कि त्रिपुरा कोई जगह है
ऐसी तमाम जगहों को नहीं पता
कि प्रेम भी कोई जगह है

विचार कोई जगह है सबको पता है
जबकि प्रेम के बिना
विचार भी कोई जगह नहीं

जटिल है जीवन का विधान
समझ पाना इतना आसान नहीं है

मुझे डर है रेशमा नहीं रहेगी
नहीं रहेगी
कि इस्लाम रह सके

जिस परिवार को दो वक़्त की रोटी बचानी चाहिए
अपनी झोंपड़ी का छप्पर बचाना चाहिए
घर के बीमार बच्चों के लिए दवाई के पैसे बचाने चाहिए
वो इस्लाम बचा रहा है
लगातार पिटती, अकेली भटकती हुई रेशमा
प्यार बचा रही है

धर्म हर बार प्रेम के विरुद्ध खड़ा होता है
धर्म को बचाने जितना आसान नहीं है
प्रेम को बचा पाना

प्रेम हर बार धर्म के विरुद्ध खड़ा होता है
धर्म को पा लेने जितना आसान नहीं है
प्रेम को पा लेना

वसन्त के हुड़दंग में शामिल हो जाना आसान है
इतना आसान नहीं है
मनुष्यता के वसन्त को बचा ले जाना

वसन्त को देखना हो तो पूरी हसरत से देखिए
देखिए
कि अल्लाह के बगीचे में खिला है एक वनफूल

वनफूल यह
मनुष्यता का नया रितुरैण है
इतना आसान नहीं है
इसे अनसुना कर पाना।

66

[चार्ली चैप्लिन के लिए]

दूर से देखूँ तो हँसी आती है
मुझे वसन्त पर
पास से देखूँ तो यह त्रासद लगता है

कैसे देखूँ वसन्त को चार्ली
कि वह
हास्यास्पद न लगे
त्रासद न लगे

तुम ही कहो
कामदी और त्रासदी के बीच
फँसा है जीवन
लोग मुझ पर हँसते हैं
या रोते हैं

मैं किसी से बात नहीं करता
अपने जीवन का मुख्य पात्र भी
मैं नहीं हूँ

किसी रितुरैण में
रहता हुआ
मैं किसी हाशिए पर रहता हूँ

उसी हाशिए पर
तुम मिलते हो रोज़ मुझे

हम बैठते हैं
पाँथर गाँव के गधेरे में पाँव डाल
नन्ही मछलियाँ
हमारी एड़ियों का मैला कुतरती हैं

हमारे तलुवे
एक-से गुलाबी है
हमारे चेहरों पर एक-सा अँधेरा है

हमारा मैल
गधेरे से पहुँचता है गाड़ में
और वहाँ से
नदियों तक

बनारस की गंगा में
शिशुमार सूँघ लेती हैं हमारी
देह-गन्ध

और हम उनसे बहुत दूर
महान नदियों के उद्‌गम प्रदेश में

वसन्त के छले हुए
पहाड़ों पर
अपनी-अपनी गर्मियाँ खोजते हैं

चार्ली
मेरे अवसाद को बढ़ाते
तुम सचमुच
बहुत बुरे आदमी हो।

67

विशाल संरचनाओं के बीच
मैं पला

एक बहुत बड़े पहाड़ की छाया
हमारे घर पर पड़ती थी

हमारे आँगन में बाँज का बहुत बड़ा
एक पेड़ था

एक बहुत बड़ा कुत्ता
हमने पाला था

बहुत बड़ी एक बिल्ली ने
रहने के लिए
हमारा घर चुना था

बहुत बड़ी चोंच वाला बड़ा पक्षी
हिमालयी धनेश
हमारे बग़ीचे के आड़ू और आलूबुख़ारे
खाने आता था

सबसे विशाल डैनों वाला गरुड़ हमारे आकाश नें
मंडराता था

हमारे खेत में
प्याज़ होते थे बहुत बड़े-बड़े

आसपास के गाँवों में
सबसे बड़े बैलों की जोड़ी हमारे पास थी

हमारा शिशिर इतना बड़ा था
कि आधा वसन्त बीतने तक भी
उसी का अहसास बना रहता था

चैत की सबसे बड़ी विरासत मेरे पास थी
मैं सुन पाता था रितुरैण
इलाक़े के सबसे बड़े नौले पर
आधी रात में
सबसे बड़ी सबसे विह्वल आँखों वाली स्त्री
उसे गाती थी

गाँव वाले आँछरी कहते थे उसे

जीवन में
इतनी बड़ी चीज़ें थीं
इसलिए मैं हमेशा इतना छोटा रहा
कि ताउम्र
एक मनुष्य रह सकूँ।

68

[फिर धूमिल]

ग्रीष्म की ओर जा रहा वसन्त
जब चीख़ने लगा मुझे उठना पड़ा

लहू से नहाया हुआ वसन्त
यथास्थितिवाद से ग्रसित वसन्त
और वसन्त के जन

वसन्त
वसन्त ही रहना चाहता था
वसन्त के जन
वसन्त में ही रहना चाहते थे
वसन्त की नदियाँ छिछली
वसन्त में बहना चाहती थीं

लेकिन नए पत्ते थे कि उगना-उमगना चाहते थे
खिलना चाहता था गुलमोहर
हिमालय पर ग्लेशियर कुछ और पिघलना चाहते थे

हर ओर ग्रीष्म की आहट थी
वसन्त के जन ग्रीष्म से डरते थे

वसन्त के पतझर में छुपा हुआ जीवन
प्रसन्न था
थोड़ी-सी उस नमी को सहेजे
जो धोखा थी दरअस्ल

दरअस्ल...
दरहक़ीक़त...
—ऐसे शब्दों से डरता है वसन्त

ग्रीष्म के तेज़
ग्रीष्म की ऊष्मा में फंसे वृक्ष
जब और गहराई तक
धकलते-गाड़ते हैं अपनी जड़ों को
जल की खोज में
और ताक़तवर और विशाल हो जाते हैं

तब चीख़ता है वसन्त
तब चीखता है वसन्त में लिथड़े जनसमूह का
वही
पुराना
भय

दिग्विजय दिग्विजय।

69

वसन्त की समृद्धि के बीच
जीते हुए
जाना मैंने
समृद्धि के ढेर पर बैठी सभ्यता
सुकून नहीं
कचरा ज़्यादा पैदा करती है

धरती पर और महासागरों में
जो कचरे के ढेर हैं
सभ्यताओं के समकालीन वसन्त की
देन हैं
ग्रीष्म जब होगा
तपता जेठ होगा माथे पर
इन सभ्यताओं का
तब मैं कुछ नहीं करूँगा
अपनी कविता में
कचरा भर जलाऊँगा

कुछ देर के लिए
अपनी साँसों में और आँखों में धुएँ की जलन
सह लेना पाठको।

70

टूटी-उचटी नहीं नींद
भोर हुई तो जागा
गुरुद्वारे से आ रही थी
मद्धम आवाज़
—शुभ करमन ते कबहूँ न टरूँ

ऐसी भोर सिर्फ़ चैत्र में होती है
कि पाँच बजे घर का पूरा आँगन बुहारती स्त्री
बाहर सड़क तक बुहार आती है
अभी उसके बच्चे इसी साफ़ सड़क से
स्कूल जाएँगे

महीनों बाद
आया भाई
इसी सड़क से इसी आँगन में आवाज़ लगाएगा
—बैणी ओ बैणी

उसकी आवाज़ निष्कम्प गूँजे
यही ग्रीष्म की सफलता है
और

—वसन्त के हत्यारों की
विफलता

हत्यारों को असफल करते
यही मेरे गीत मेरे जनों के कंठ में
प्रिय चैत के।

71

वर्षा
पाठकों की ऋतु है
शिशिर
प्रकाशकों की

वसन्त में आलोचक
खोजते हैं कविता

कवि ग्रीष्म में खोजते हैं
आलोचक

इस ऋतुचक्र में
शरद और हेमन्त प्रूफरीडर्स को उठती
विकट खांसी की ऋतुएं हैं

वर्तनी का कोई सुधार
अगर रक्त के धब्बे से ढका दिखे
तो मैं चौंकता नहीं हूँ

वे धब्बे ही
कविता की किताब का रितुरैण हैं
उनकी टीस
चैत की नहीं
अश्विन की टीस है।

72

[शोक नामवर]

ऋतु वसन्त कुछ सिसकी
फाल्गुन की संधि पर

काम पर जाते हुए अचानक भय से
ठिठका मैं
नैनीताल से पहले का बूढ़ा पहाड़
कुछ धसका
हवा में उड़ता हुआ सा गिरा एक बहुत बड़ा पत्थर
राह पर
कुछ पल रुकना पड़ा

मोबाइल पर संदेश की आवाज़ भी
यों सुनाई दी
बहुत पुराना बांज का पेड़ उखड़ा हो जैसे गांव में

चला गया वर्षों से बस्ती में रुका हुआ हरकारा
पिछले कई दिनों से
आंख में अटका हुआ आँसू
ढुलक गया भाषा के

रह-रहकर
रूखते कपोलों पर

उम्र पूरी कर
अभिमान के साथ गया है कोई
अकस्मात आघात नहीं
होने को अत्यन्त प्राकृत
यह क्षय है

पर
हिन्दी में कोई बड़ा न रहा
अब
समकालीनता बस
कुछ
छुटभैयों का
अभयारण्य है।

2019

ooo